LA BIBLIOTECA STORICA
ANDREA PONTI.

L A nostra *Biblioteca Storica* si intitola a un nome caro a molti per ricordo di beneficî saviamente distribuiti, caro per vincoli di affetto domestico a chi si propone di iniziarla. Suo intento si è quello di porgere alle giovani che amano lo studio un mezzo facile di *lettura dilettevole, utile ed ordinata:* per ciò non soltanto offre libri, che valgano ad arricchire di nuove e variate cognizioni la intelligenza delle lettrici, ma vuole - e principalmente - essere per queste come una guida che loro additi il cammino migliore da percorrere verso campi ove possano trovare più ricca messe e aiutarle a raccoglierla e a disporla ordinatamente ed utilmente. Vorrebbe infine, col costringere le giovani a riflettere, a disciplinare idee e sentimenti per mezzo di letture scelte e pensatamente disposte, aiutarle a formarsi una vita interiore morale ed intellettuale.

❡ Alle sue lettrici la Biblioteca Andrea Ponti non porgerà solamente volumi tra loro slegati, ma anche opere disposte in serie, secondo un piano prestabilito con criteri che verranno di mano in mano esposti nei Cataloghi, che la Biblioteca andrà pubblicando; criteri però che fin d'ora si possono raccogliere attorno a questo fondamentale che nei libri considerati ciascuno in sè e entro la sua serie i fatti e le idee si presentino alla mente di chi li legge, ordinati sotto un punto di vista storico.

❡ Di qui il nome di storica assunto dalla libreria.

PRIMA PARTE.

L A Biblioteca sarà divisa in due parti.

La prima comprenderà diverse serie di libri su vari determinati soggetti, e li presenterà nel loro insieme facendoli precedere da uno studio preparatorio che spieghi il concetto direttivo della serie e il carattere fondamentale di ciascun libro. Il catalogo di questa prima parte sarà fisso

℘ La prima serie, che la Biblioteca Storica presenta alle sue abbonate è, naturalmente, informata ad un criterio molto largo, perchè possa offrire una larga base di cognizioni generali: con pochi volumi dare un disegno, a grandi linee, della Storia universale del mondo civile, affinchè le lettrici possano con una non lunga lettura abbracciare d'un solo sguardo tutto il cammino percorso dal genere umano, muovendo dai tempi più remoti fino ai nostri giorni. Quando di tutto il passato dell'uomo civile la mente delle giovani lettrici si sia formata una impressione complessiva, generale e sicura, ogni particolare concetto o nozione di fatto vi troverà di per sè il posto suo.

℘ In tutte le serie i libri saranno scelti per modo che non solo rispondano a questa idea storica per il loro contenuto, ma anche siano atti ad invogliare alla lettura per il modo geniale con cui la materia vi è trattata. Restano così esclusi i libri tecnici e di pura o soverchia erudizione.

℘ La Biblioteca Storica si dedicherà fin dapprincipio anche all'Arte.

℘ L'Arte è sorta in Italia come fiore di pianta vigorosa a mostrare l'intima potenza morale e intellettuale del popolo italiano. L'Arte fra noi non è stata un ozio del passato, nè va considerata come ozio del presente; è l'espressione di una vitalità non perduta, che troverà ancora il suo modo di operare. Ogni piccolo paese d'Italia ne porta il segno e da tutte le parti del mondo accorrono a noi le genti, per essere partecipi di questa nostra vita.

℘ Noi vorremmo, che ciò che è argomento di studio e gioia per i forestieri, per noi fosse strumento a meglio comprendere il nostro paese, stimolo ad amarlo a renderlo più felice e più bello. Vorremmo che ogni piccola terra d'Italia trovasse molte anime che la amassero per quanto di bello vi è stato creato; che si formasse in tutti la convinzione profonda di dover proteggere questo patrimonio del passato come un bene presente e una speranza di giorni migliori nell'avvenire; che tutti sentissero il dovere di esser pronti ad aiutare in ciò l'opera di chi ci governa e a prendere sotto la privata tutela, ciò che al Governo inevitabilmente sfugge.

❡ Perciò la nostra Libreria si arricchirà, oltre che di libri che parlano d'Arte, anche di riproduzioni artistiche, le quali possano procurare a chi ne è privo, una parte del piacere concesso a chi può avvicinare nei musei e nelle gallerie i capolavori artistici del popolo nostro; così lo spirito di molti si educherà a prendere interesse a cose fino allora inosservate e ad amarle.

❡ Alla prima serie di libri della Storia Universale faranno seguito altre serie di volumi così disposte:

Storia dell' Arte;

Storia particolare delle varie parti d' Italia;

Storia del nostro Risorgimento;

Storia delle varie Nazioni d' Europa e delle loro letterature;

Storia dell' Oriente antico;

Storia delle Colonie;

Storia dell'America e della civiltà del nuovo mondo;

Storia della filosofia intellettuale e morale;

Storia delle scienze induttive e delle matematiche;

Storia dell' economia politica;

Storia della beneficenza;

Una serie di romanzi, che rappresentino lo svolgimento di questo genere letterario in Europa e siano riflesso della vita dei tempi in cui furono scritti:

Storia delle dottrine e dei sistemi pedagogici.

SECONDA PARTE.

NELLA sua seconda parte, la Biblioteca accoglierà i migliori libri usciti alla luce in questi ultimi anni, o altri meno recenti che paressero opportuni: e la Biblioteca ne comprerà quel numero che le sarà consentito dai suoi mezzi pecuniari.

❡ I libri così acquistati saranno presentati al principio di ogni anno alle abbonate con un bollettino speciale che valga ad informarle del valore di ciascuno, del soggetto che tratta e della serie alla quale per il suo carattere e per il suo contenuto si ricollega.

❡ A questa seconda parte corrisponderà un apposito catalogo, in cui i libri pur essendo disposti per gruppi non saranno necessariamente legati in serie o disposti per ordine cronologico.

¶ La Direzione della Biblioteca riceverà lettere dalle abbonate, che domandino consigli, suggerimenti o direzione nei loro studi e indicazioni di libri e si impegna a rispondere nel modo che le sembrerà più utile a chi le si sarà rivolta.

CONDIZIONI D' ABBONAMENTO.

¶ La Biblioteca Storica ha sede a Ravenna nella Direzione delle Scuole elementari, cortesemente conceduta col permesso del Sindaco (via del Corso Giuseppe Garibaldi, 59).

¶ Il giovedì e la domenica dalle 9 alle 11 si distribuiscono i libri da leggere e si ritirano quelli già letti.

¶ L' abbonamento dura un anno intero ed è di lire 10.

¶ In caso di malattia le persone abbonate sono vivamente pregate a voler restituire immediatamente i libri che avessero a prestito, poichè è ben dimostrato che molte malattie si trasmettono mediante il contatto di libri infetti, e non potrebbe la Società assumere l' incarico di disinfettarli.

¶ La somma raccolta dagli abbonamenti servirà a fornire la Biblioteca di nuovi libri.

¶ Ogni volume dovrà essere restituito nel medesimo stato di conservazione in cui sarà stato consegnato.

¶ Per informazioni, richieste di libri, ecc., rivolgersi alla *Direzione della Biblioteca, via del Corso Giuseppe Garibaldi, 59.*

BIBLIOTECA STORICA ANDREA PONTI
PARTE PRIMA. CATALOGO
A SERIE FISSA.
FASC. PRIMO.

SERIE I.

STORIA UNIVERSALE.

Nella scelta dei libri di questa prima serie l'intendimento delle promotrici è stato quello di mantenere e ravvivare il gusto della Storia nelle giovani, che già dalla scuola hanno ricevuto cognizioni storiche, offrendo loro il modo di ricevere una impressione rapida, ma per quanto è possibile vera e completa, della Storia Universale. Si è mirato a questo: allettarle a leggere per diletto, ma secondo un disegno prestabilito e organico, una serie di libri rappresentativi delle varie fasi caratteristiche della vita del genere umano: libri che lumeggino per ordine cronologico le epoche ed i momenti storici dell'umanità in modo, che la lettura di uno di essi, susciti il desiderio di leggerne un altro successivo, sicchè la serie diventi, per chi ne abbia iniziata la lettura, quasi una necessità o consuetudine intellettuale.

¶ Così sono stati scelti libri quasi tutti facili per la forma e piacevoli per il modo di esposizione. Forse non tutti rappresentano la perfezione della ricerca erudita, non tutti dicono proprio l'ultima parola sopra il soggetto che trattano, ma tutti per il sentimento d'arte che li avviva, per la percezione sicura del tempo che rivelano ci sono sembrati atti a produrre in menti giovanili l'effetto che chi ha promosso questa Biblioteca si proponeva: lasciare nel lettore un'impressione vivace e durevole, trasportarne l'immaginazione nel mezzo di un determinato ambiente, fargli fare conoscenza e amicizia colle persone e colle cose più eminenti e più degne di essere conosciute in quel dato momento storico.

¶ Non v'è pensiero, per quanto bello ed importante che possa penetrare nell'animo se non trova la via più adatta; e la via migliore per chi non ha intenti speciali d'erudizione, ci sembra appunto questa che stiamo esponendo.

¶ Le impressioni dei vari momenti storici acquistate a gradi e per ordine di tempo, si vengono a collocare nella

2

nostra mente, in una disposizione che è logica perchè connaturata ai fatti e al loro svolgimento, e vi restano racchiuse in un solo concetto sintetico, come in una cerchia che permette di abbracciare coll' occhio i fatti più complessi per sommi capi, secondo le loro naturali relazioni di causa e di tempo. In altre parole, l' osservazione portata e trattenuta successivamente sui fatti di maggiore entità, secondo l' ordine con cui si svolsero, può stendere nella mente quasi un filo conduttore, che afferra e lega tra loro quei medesimi fatti, tenendoli stretti come se fossero anelli di una catena.

❡ Agli anelli maggiori di questa catena madre - per continuare la metafora - si possono senza dubbio annodare altre catene di fatti, certo di per sè notevoli, ma meno importanti dei primi o perchè non sono che la conseguenza diretta di avvenimenti anteriori già compresi nella catena principale, o perchè, sebbene modificati nella veste esteriore, non ne sono che una ripetizione. Di queste catene di fatti secondari a noi basterà indicare solo la presenza e il loro punto di partenza, per poi riprendere subito a seguire lo svolgimento della catena madre.

❡ Valga come esempio la storia dell' America. Nella nostra serie noi fissiamo il punto della sua scoperta colla vita di Cristoforo Colombo e con altri pochi scritti, che certo non bastano ad illustrare tutta la storia del nuovo mondo, ma che indicano il punto da cui si stacca quasi nuovo braccio immenso, la vita di questo nuovo popolo: poi torniamo alla storia della vecchia Europa, persuasi che una volta inteso bene lo svolgimento della civiltà nel vecchio continente non sia difficile comprendere nelle sue nuove forme anche lo svolgimento della civiltà delle altre parti del mondo.

❡ Ci è sembrato poi che le lettrici, le quali non aspirano ad impadronirsi di una erudizione profonda che le assorba tutte, ma soltanto ad acquistare una coltura che le accompagni nella vita, possano essere più facilmente avviate a conoscere le vicende dell' umanità per mezzo di libri indipendenti, non congegnati o coordinati entro una sistematica esposizione generale. I libri scritti sotto un' ispirazione diretta da autori diversi, che, sentendo ognuno il proprio soggetto, hanno saputo renderlo più vivo e porlo nelle condizioni migliori per essere comunicato altrui, ci paiono, per questa indipendenza appunto, più perspicui, più fedeli e più felici nel rappresentare la vita di un dato tempo o di un dato luogo; e per ciò, nel caso nostro, sono da preferirsi alle compilazioni di storia universale le quali, mentre per la mole e per le parti aride che di necessità debbono contenere, spaventano ed allontanano le giovani lettrici, per la uniformità delle tinte non sempre riescono a mantenere vivo l' interesse della lettura e a suscitare le forti impressioni che sono le sole durature.

ℂ Siccome poi, qualunque studio si faccia, noi siamo portati a raccogliere la nostra attenzione sopra qualche parte speciale, che più ci colpisce, così riguardo alla storia è parso a noi di dovere, nello scegliere i libri di questa prima serie, insistere sopra due tratti che più da vicino ci toccano e che in un modo più diretto hanno preparato gli avvenimenti e le preoccupazioni del tempo in cui viviamo: il *movimento religioso cristiano* e il *movimento politico economico sociale*.

℃ Per queste ragioni, dopo aver rivolto un rapido sguardo alle condizioni del mondo antico colla guida di poche opere di mole limitata, incominciamo poi, per i tempi posteriori all'impero romano, una meno scarsa enumerazione di opere più vaste e più comprensive.

℃ Per tutta la storia antica abbiamo indicato un breve scritto nel quale Ruggero Bonghi,[1] presentandoci a grandi tratti lo svolgimento che ebbero le antiche civiltà, l'egizia, l'assira, l'ebraica, la medo-persiana, la greca, riesce a darci un'impressione d'insieme rapida, ma ordinata, del cammino dell'umanità che diciamo civile, fino al comparire della potenza di Roma. Gli studi moderni possono aver modificato alcune osservazioni del Bonghi sul modo di distribuirsi delle varie razze sulla terra ed aver aggiunto nuove cognizioni a quelle che si avevano intorno alle loro vicende e ai loro costumi, ma pur tuttavia l'idea chiara e ordinata che il Bon-

[1] *Storia antica in Oriente e in Grecia* di R. Bonghi.

ghi ce ne dà rimane sempre per noi Italiani come una buona base su cui posare qualunque ulteriore modificazione o accrescimento delle nostre nozioni intorno a quegli antichissimi tempi.

℄ Alla storia speciale della Grecia e di Roma consacriamo due opere voluminose del professore Hertzberg,[1] *La storia di Grecia e di Roma* e *La storia dell' impero Romano fino alla caduta dell' impero d'Occidente*; ma ci è parso che un raggio illuminatore su tutta l'organizzazione delle antiche società greco-romane potesse uscire anche dal libro del Fustel de Coulanges *La città antica*.[2] Esso ci rivela l'origine delle loro credenze, come mezzo per comprendere le istituzioni fondamentali che le reggevano; istituzioni, credenze, di cui si possono scoprire tracce anche nei secoli posteriori fino a noi. Se per via il lettore si sentirà invitato ad approfondire lo studio di alcune parti della storia antica gli sarà facile procurarsi storie particolari che ne trattino; ma intanto con la scorta di questi due libri sarà in grado di riassumere rapidamente in un solo concetto le cognizioni raccolte intorno al mondo classico e di giungere con la mente fino alla caduta dell' impero Romano, all' invasione dei Barbari che lo conquistarono e al pensiero e alla fede di Cristo che gli si imposero. Su questi due ultimi argomenti quanti libri eruditi! quante discussioni ancora aperte!

℄ Ne abbiamo scelti soltanto alcuni tra i più geniali e più dilettevoli: non hanno tutti la pretesa di dottrina erudita e profonda, ma hanno il potere di colorire quei tempi e di farci rivivere in mezzo ad essi. *La religione romana nel* ~~quinto~~ *secolo*[3] di Gaston Boissier studia appunto il fatto nuovo che col Cristianesimo entra nella vita del mondo civile ed il modo con cui vi s'insedia, e spiega quanto esso vi porta di assolutamente nuovo e di originale e quanto invece accoglie in sè del mondo vecchio. *La fine del Paganesimo*[4] dello stesso autore, completa il quadro offertoci dall' opera precedente col farci vedere quale e quanta resistenza abbia opposto l' antico mondo pagano al Cristianesimo invadente.

℄ Ma su quali elementi agisce il Cristianesimo? su di una società nuova: quella che i Barbari, invadendo l'antico

[1] *Storia di Grecia e di Roma e Storia dell' Impero romano* dell' Hertzberg.

[2] *La Cité antique* par Fustel de Coulanges.

[3] *La religion romaine d'Auguste aux Antonins* par G. Boissier.

[4] *La fin du Paganisme* par Gaston Boissier.

mondo, modificandolo profondamente e alla sua volta lasciandosi da esso modificare, hanno concorso a formare. I racconti di Amedeo Thierry,[1] pittura geniale di quella età di barbarie e di violenza, e la diligente ricostruzione che dell' Italia sotto il dominio dei Barbari ci ha lasciata Cesare Balbo,[2] possono farci comprendere la trasformazione avvenuta.

¶ I bei volumi dello Zeller sulla Storia del Medio Evo,[3] quelli di Augustin Thierry[4] sull' epoca dei Merovingi mentre schierano davanti a noi il mondo dei Barbari imperanti ci mostrano il fascino che l' antica civiltà e il nome di Roma esercitarono sopra l' animo loro e la trasformazione che la loro vita e il loro pensiero subirono al contatto dei popoli soggetti, dei Gallo-Romani.

¶ Sono gli inizii della nuova vita e della futura civiltà europea: ma in quali modi si è svolta? Sfasciatosi l' impero Romano, l' Europa si trova invasa da onde di popoli, condotti da capi guerrieri, che lottano, combattono, si distruggono a vicenda, devastano le contrade che toccano, travolgono con loro i popoli soggetti e li riconducono in schiavitù. La coltivazione dei campi è quasi abbandonata, scompaiono le industrie, le arti e le lettere si estenuano.

¶ I paesi conquistati vengono divisi in frammenti minutissimi di terra, concessi dai capi ai loro più valorosi compagni. Questi divengono i custodi e i padroni dei territori loro assegnati e li dividono a lor volta fra altri che diventano loro soggetti, lavorano la terra e s' impegnano di servire il nuovo Signore, il quale in ricambio si obbliga a difenderli: simbolo di questo patto il villaggio dominato dal castello.

¶ Così su tutta Europa si estende la feudalità, regime aristocratico. Così si va formando un assetto di cose, per certo ancora mal sicure, ma abbastanza tranquillo, perchè il popolo torni ai lavori della terra senza che la messe gli venga rapita e distrutta, perchè una parte di esso racchiuso nei borghi, nella città cominci a darci ai lavori dell' industria: e cogli agi rinascono le arti e le lettere.

[1] Récits de l'hist. rom. au I' siècle par A. Thierry. Récits nouveaux de l'hist. rom. au II et V siècle, id.; S. Jérôme, id.; Histoire d'Attila et de ses successeurs id.

[2] Storia d' Italia sotto ai Barbari di C. Balbo.

[3] Entretiens sur l'hist. du moyen-âge par J. Zeller.

[4] Récits des temps Mérovingiens, par A. Thierry.

[1] *Les moines d'Oc-cident* par C. de Montalembert.

[2] *Les monastères bé-nédictins d'Italie* par Alph. Dantier.

[3] *Le cronache ita-liane del medio evo* di Ugo Balzani.

[4] *Il sacro rom. Im-pero* di Giacomo Bryce.

[5] *Storia dei Papi* di Lodovico Pastor.

[6] *Storia delle Cro-ciate* di Bernardo Kügler.

[7] *Storia dei Bizan-tini e dell' Impero Ottomano* di G. H. Hertzberg.

❡ Le corporazioni religiose [1] lungi ormai dal monachismo primitivo [2] contribuiscono anch' esse a formare questa nuova condizione di cose, promovendo le bonifiche agrarie e gli studi intellettuali. Dai monasteri dove si era raccolta, nel primo medioevo, ogni coltura, dove in rozze cronache era stata scritta in gran parte la storia di quei secoli di tur-bamento, comincia ad uscire la scienza e l' arte dello scri-vere alla società laica. [3]

❡ Nei primi suoi sforzi per liberarsi dallo stato di anarchia in cui era caduta, ordinarsi e raccogliersi, la nuova società succeduta a quella dell' Impero aveva obbedito ed an-tiche tendenze di universalità. Il senso di unità dato al mondo civile dall' Impero Romano era stato raccolto anche dai Barbari ed era penetrato nel Cristianesimo. Quelli ave-vano ridato vita al *Sacro romano Impero* che da Carlo Ma-gno si prolunga sino alla soglia dell' età moderna, [4] questo creò il *Papato* [5] la cui forza di universalità non si è ancora estinta ai nostri giorni.

❡ E altra manifestazione della sua forza universale d'azione ebbe il Cristianesimo nelle crociate, [6] fautrici di unione per gli spiriti e di fusione pei popoli. Le crociate ci mettono in contatto con la maravigliosa civiltà araba: [7] così la civiltà nata in Asia e staccatasi poi da essa per venire in Europa torna ad entrare in comunicazione con l' Oriente.

❡ Ma quanto più la società si rafferma in stabile sede, tanto più si allontana dal concetto delle unità universali e tende a raccogliersi in minori unità di Stato. E il po-polo, lavorando, acquistando agiatezza, prende coscienza di sé e vuol governare. L' Italia, in cui il lavoro e l' agia-tezza che ne deriva, furono possibili più presto che altrove, vede fiorire i comuni, che aprono i tempi nuovi: vita com-plessa, in mezzo alla quale si affacciano, come i più carat-teristici, due tipi di comuni, il lombardo e quello di Firenze, tutti nei loro principî a forma aristocratica, ma con diffe-renti evoluzioni ulteriori, che alla lor volta mettono tutti capo alla signoria personale.

❡ Perchè questo Risorgimento in Italia prima che al-trove? Il Giesebrecht si prova a dimostrarlo per la coltura dei secoli barbari. [1] Alcuni capitoli della Storia delle Repubbliche italiane del Sismondi [2] sui Comuni a tipo lombardo, gli scritti del Villari sulla storia del comune di Firenze, [3] l'opera magistrale del Burkhardt sulla storia della civiltà nel secolo del Rinascimento, [4] danno l'impressione del ritornare della società al lavoro della terra, del rinascere delle industrie; rivelano il popolo che nasce a libertà maggiori, che tende a governare la cosa pubblica, unendosi o sostituendosi al governo dei pochi, all'antico regime feudale aristocratico.

¶ Tutte le storie particolari che narrano come le varie parti d'Italia si sollevano alla vita moderna, per quanto meravigliose e differenti nei particolari, non distrarrebbero troppo dalla linea generale? Ognuna merita un' attenzione speciale, ma ci pare che a questo studio si possa e si debba tornare, compiuto il primo e più generale cammino.

¶ Siamo giunti ai primordi della vita moderna e incontriamo alcuni fatti che modificano profondamente le condizioni del mondo civile: la scoperta dell'America, che rivela un mondo nuovo, l'invenzione della polvere e della stampa, la Riforma.

¶ Dedichiamo alle scoperte un volume della Collezione Oncken [5] e suggeriamo di leggere la storia della Riforma del Ricotti. [6] E gli elementi della vita moderna continuano a svolgersi in tutta l'Europa seguendo la tendenza dei popoli a unire via via i piccoli frantumi in cui la società medioevale l'aveva divisa in centri, i quali, colle unioni spontanee e colle conquiste dell'armi o dell'arti politiche si vanno facendo sempre maggiori e tendono a raccogliere in corpi speciali di Stato le singole nazionalità.

¶ L'intento del nostro piano ci fa trattenere sulla storia dei due paesi, nei quali il procedimento del formarsi in grande nazione è stato compiuto prima che altrove, e dove il passaggio dal regime aristocratico, feudale, agricolo, militare a quello più popolare borghese industriale, si effettua nei due modi più caratteristici: l'Inghilterra e la Francia. Nello stesso modo che avendo studiato il processo di un fenomeno in un individuo, riesce poi facile il ritrovarlo

[1] *L'istruz. in Italia nei primi secoli del Medio Evo* di G. Giesebrecht.

[2] *Hist. des républ. du moyen-âge* par S. de Sismondi, to. I, Introduction chap. I e II, to. I chap. VIII jusqu'au XII.

[3] *I primi sec. della storia di Firenze* di P. Villari.

[4] *La civiltà del sec. del Rinascimento in Italia* di I. Burkhardt.

[5] *Storia dell'epoca delle scoperte* di Sophus Rüge.

[6] *Della rivoluzione protestante* di Ercole Ricotti.

e riconoscerlo qualora esso si verifichi in altri individui consimili, così uno studio speciale fatto sopra una società giova a far comprendere le altre società che si trovano in simili condizioni.

℃ Noi cerchiamo il passaggio al regime più libero, borghese industriale, in Francia, dove si compie con precipitazione, mediante una grande rivoluzione e in Inghilterra dove procede per evoluzione lenta, che il Green nella piccola storia del popolo inglese ci permette di seguire passo a passo.[1] Per la Francia indichiamo il solo primo volume del Taine [2] (l' antico regime) che riassume le condizioni della società francese antica e spiega la forma violenta del mutamento sociale avvenuto colla Rivoluzione.

℃ Ma di questa ci pare dover offrire una storia speciale, perchè la Rivoluzione francese è stata come la molla che ha determinato tutti i mutamenti avvenuti di poi in Europa e li ha alimentati ed informati nei loro procedimenti e caratteri.[3][4]

℃ E già i mutamenti prodotti dal nuovo assetto sociale, derivato dalla rivoluzione francese, sono avviati a prendere un' altra forma: la libertà popolare che ha cominciato ad affermarsi nei Comuni italiani, che ha continuato ad estendersi in Inghilterra e in Francia chiamando al governo della cosa pubblica una parte sempre più larga del popolo che prima ne era esclusa, non si è fermata nel suo cammino: un altro strato di popolo, gli operai, venuti alla coscienza di sè, domandano essi pure il riconoscimento dei loro diritti e il governo della cosa pubblica. Un libro recente di un giovane scrittore, nipote del Taine, col modesto assunto di scrivere una biografia,[5] ci conduce al punto cui la civiltà nostra è giunta, ci pone davanti i problemi del futuro, che già si agitano, già irrompono con soluzioni affrettate e pretondono preparare le forme nuove della società avvenire. Quali saranno queste forme?

℃ Sarà tale condizione di cose che si imponga a gradi per svolgimento naturale, eliminando ciò che resta di vecchio e di inutile, accogliendo di ciò che è nuovo soltanto il necessario? oppure, come novella irruzione di Barbari, re-

[1] *Breve storia del popolo ingl. dalle origini ai giorni nostri* di G. Riccardo Green.

[2] *Les origines de la France contemp.* I Part. *Ancien Regime* par H. Taine.

[3] *L'Ancien Regime et la Révol.* par Tocqueville.

[4] *Histoire de la Révol. franç.* par Miguet.

[5] *Sydney Smith e la Renaissance des idées libérales en Angleterre* par A. Chevrillon.

spingerà la civiltà indietro, per riprendere il suo corso, chissà sotto quali forme e in quali parti della terra? Il libro del Chevrillon, dopo aver descritto le varie trasformazioni di un paese, l'Inghilterra, che ha avuto la fortuna di poter svolgere gradatamente i suoi organismi politici o sociali, ci pone davanti questo problema.

℃ La breve nota dei libri qui sopra indicati vorrebbe tendere soltanto (lo ricordiamo di nuovo nel chiudere questa introduzione) a dimostrare la necessità, di legare tra loro le più generali cognizioni storiche, per porre una prima base su cui disporre con sicurezza intorno ad alcuni punti principali le cognizioni ulteriori e più particolari che si potranno acquistare. In questa serie noi abbiamo - giova ripeterlo - fermato due punti: il Cristianesimo che raccoglie e modifica la ereditata civiltà antica, e lo svolgimento delle condizioni economiche, politiche, sociali in Europa, che hanno direttamente preparato la vita di oggi.

℃ Ma compiuto questo primo giro, fermati questi due punti, quante parti vi sono ancora della storia, che possono destare il nostro interesse? le storie dei vari paesi in Europa, l'espansione loro nelle colonie, l'America che già sembra sciogliere parte dei problemi della civiltà incipiente, le storie letterarie dei vari paesi, che appena sono accennate nel rapido cammino percorso, la storia dell'arte, la storia della ricchezza, che ha il suo fondamento nella nuova scienza dell'economia politica, scienza così intimamente legata alla storia politica dei vari paesi!

℃ Per ultimo, come preparazione allo studio della storia, come accompagnamento nel proseguirlo, indichiamo il libro del Carlyle su gli Eroi.[1] Il Carlyle non scrive una storia nel senso proprio che si suol dare a questa parola, ma fa comprendere la storia, fa amare e ammirare gli uomini che l'hanno creata colle loro azioni. « Poichè », egli dice, « la storia universale, la storia che l'uomo ha compiuto sulla terra è in fondo la storia dei grandi uomini, degli Eroi che hanno lavorato nel mondo. Essi sono stati l'esempio, i modellatori e in senso largo i creatori di quanto la generalità degli uomini ha cercato di fare o di raggiungere. L'anima

[1] *Tommaso Carlyle. Dante e Shakespeare.* 1ª vers. ital di Maria Pezzè Pascolato.

della intera storia del mondo può essere considerata come racchiusa nella storia di questi uomini. Ed è un conforto il pensare che l'uomo grande, sotto qualunque aspetto lo si guardi, è una buona compagnia: non possiamo alzare gli occhi verso di lui, anche imperfettamente, senza guadagnare qualche cosa dalla sua vista Egli è come la fontana di luce viva accanto a cui è buono e piacevole lo stare ». ❡ Il lavoro scientifico che cerca la cagione e il fine, le relazioni delle cose, non deve spegnere in noi il fuoco dell' ammirazione. Perchè, come dice ancora Carlyle: « Questo mondo, malgrado la scienza e tutte le scienze, rimane sempre un miracolo, una cosa di Dio »..

MARIA PASOLINI PONTI.

CATALOGO A SERIE FISSA.

SERIE I.

STORIA UNIVERSALE.

Bonghi Ruggero. *La storia antica in Oriente e in Grecia,* nove conferenze. (Città di Castello, Lapi, 1888, in-16. L. 3).

Fustel de Coulanges. *La cité antique,* étude sur le culte, le droit, les institutions de la Grèce et de Rome. (Paris, Hachette, in-16. Fr. 3.50).

Hertzberg. *La Grecia e Roma.* (*Storia universale illustrata,* pubblicata a cura di G. ONCKEN). Prima versione italiana di E. DE RUGGIERO. (Milano, L. Vallardi, 1888, in-8).

Hertzberg. *l' impero romano.* (*Storia universale illustrata,* pubblicata a cura di G. ONCKEN). Prima versione italiana di E. DE RUGGIERO. (Milano, L. Vallardi).

Boissier Gaston. *La réligion romaine* d'Auguste aux Antonins. (Paris, Hachette, 1894, vol. 2, in-16. Fr. 7).

Thierry Amédée. *Récits de l'Histoire Romaine au* v^e *siècle.* Derniers temps de l'Empire d'Occident. (Paris, Didier et Cie 1861, in-12. Fr. 3.50).

Thierry Amédée. *Récits (Nouveaux) de l'Histoire Romaine au* IVe *et* V^e *siècle.* Trois ministres des fils de Théodose : Rufin, Eutrope, Stilicon. (Paris, Didier et Cie 1864, in-8. Fr. 7).

Thierry Amédée. *Saint-Jérôme, la Société Chrétienne en Occident et l'émigration romaine en Terre Sainte.* (Paris, Didier et Cie 1875, in-12. Fr. 4).

Thierry Amédée. *Saint-Jean Chrysostome et l'impératrice Eudoxie. La société chrétienne en Orient.* (Paris, Didier et Cie, 1 vol. Fr. 4).

Thierry Amédée. *Histoire d' Attila et de ses successeurs* jusqu'à l'établissement des Hongrois en Europe, suivie des légendes et traditions. (Paris, Didier et Cie 1864, 2 vol. in-12. Fr. 7).

Balbo Cesare. *Storia d' Italia sotto ai Barbari.* (Firenze, Felice Le Monnier, 1859, in-16. L. 4).

Zeller Jules. *Entretiens sur l'Histoire du moyen-âge.* (Paris, Perrin et Cie 1884-87, vol. 2, in-12. Fr. 7).

Augustin Thierry. *Récits des temps Mérovingiens.* (Paris, Furne, 1859-1860, 2 vol.).

Ugo Balzani. *Le cronache italiane nel medio evo.* (Hoepli).

Bryce James. *Le Saint Empire romain, germanique et l'Empire actuel d'Allemagne* traduit de l'anglais par M. DOMERGUE, avec une préface de M. ERNEST LAVISSE. (Paris, Armand Colin et Cie 1889, in-8. Fr. 8).

Lodovico Pastor. *Storia dei Papi dalla fine del medio evo.* Traduzione dal tedesco del sacerdote CLEMENTE BENEDETTI. (Trento, tip. ed. degli Artigianelli, 1890).

Bryce Giacomo. *Il sacro romano Impero,* traduzione dall'inglese di UGO BALZANI. (Napoli, Leonardo Vallardi, 1886, in-8, L. 10).

Kügler Bernardo. *Storia delle Crociate.* (*Storia universale illustrata,* pubblicata per cura di GUGLIELMO ONCKEN) tradotta da TITO SANESI. (Milano, L. Vallardi, 1888, in-8. L. 10).

G. F. Hertzberg. *Storia dei Bizantini e dell' Impero Ottomano sino verso la fine del* XVI *secolo.* Vol. VII della Collezione ONCKEN. (Milano, Leonardo Vallardi, 1894).

Comte de Montalembert Charles Forbes. *Les Moines d'Occident depuis Saint Benoît jusqu'à Saint Bernard.* (Paris, Lecoffre et C.ie 1869, 5 vol. in-12, Fr. 20).

Dantier Alphonse. *Les Monastères Bénédictins en Italie.* Souvenirs d'un voyage littéraire au delà des Alpes. (Paris, Didier et C.ie 1867, 2 vol. in-8. Fr. 8).

Giesebrecht G. *L' istruzione in Italia nei primi secoli del medio evo.* Traduzione di CARLO PASCAL. (Fa parte della *Biblioteca critica della Letteratura Italiana,* diretta da F. TORRACA). (In Firenze, G. C. Sansoni, 1895, in-16. L. 1.20).

Sismonde de Sismondi (Jean Charles Léonard). *Histoire des Républiques du moyen-âge.* (Paris, Treuttel et Würtz, 1840-41, 10 vol. in-8. Fr. 50. — Tome I *Introduction,* chapitres I et II — Tome I, chapitre VIII!, jusqu'au XXII).

Villari Pasquale. *I primi due secoli della storia di Firenze,* ricerche. (In Firenze, G. C. Sansoni, 1893-94, 2 vol. in-8. L. 10).

Burckhardt Jacopo. *La Civiltà del secolo del Rinascimento,* traduzione del prof. D. VALBUSA. (In Firenze, G. C. Sansoni, 1876. 2 vol. in-16. L. 7).

Rüge Sophus. *Storia dell'epoca delle scoperte.* Prima traduzione italiana del dott. DIEGO VALBUSA, con illustrazioni e carte geografiche. (*Storia universale illustrata,* pubblicata per cura di GUGLIELMO ONCKEN). (Milano, Leonardo Vallardi, 1887, in-8, L. 20).

Ricotti Ercole. *Corso di Storia Moderna.* — Vol. I. *Della Rivoluzione Protestante.* (Torino, Loescher, 1874, in-8. L. 6).

Green Giovanni Riccardo. *Breve storia del popolo inglese* dalle origini ai giorni nostri, tradotta da SOFIA FORTINI SANTARELLI. (Firenze, Barbèra, 1884, in-16. L. 6).

Taine Hippolite. *Les Origines de la France contemporaine.* Ire Partie: *L'Ancien Régime.* (Paris. Hachette, 1875, in-8. Fr. 7.50).

Clarel de Tocqueville. (Alexis Charles Henri). *L'ancien régime et la Révolution.* (Paris, Lévy Frères, 1860, in-8. Fr. 6).

Mignet François Marie Auguste. *Histoire de la Révolution française depuis* 1789 *jusqu'à* 1814. (Paris, Didier et C.ie, 1869, 2 vol. in-12. Fr. 7).

Chevrillon A. *Sidney Smith et la Renaissance des idées libérales en Angleterre au* XIXe *siècle.* (Paris, Hachette, 1894, in-12. Fr. 3.50).

Carlyle Tommaso. *Gli Eroi.* Traduzione e note di MARIA PEZZÉ PASCOLATO, con prefazione di ENRICO NENCIONI. (Firenze, Barbèra, 1896. L. 2.50).

*Finito di stampare oggi
16 marzo 1897 nella
tipografia For-
zani & C. in
Roma*
⁂